Portuguese

Minhas muitas cores:

Uma história de ser não-binário

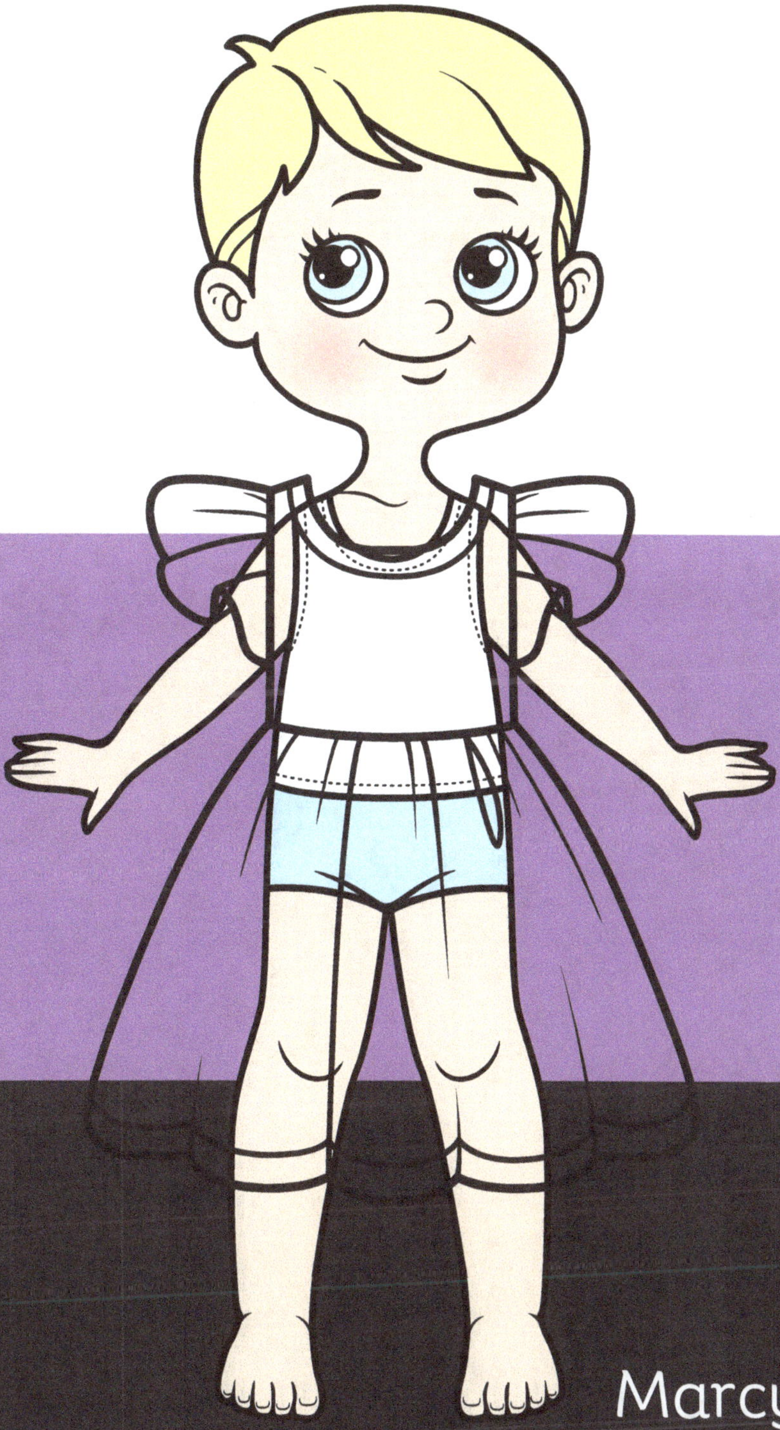

Marcy Schaaf

My Many Colors:

A Story of Being Non-Binary

Marcy Schaaf

When a child expresses a preference to be referred to using "they/them" pronouns, it typically means that they identify as non-binary or genderqueer. Non-binary is a term used to describe individuals whose gender identity doesn't exclusively align with the traditional categories of male or female. Instead, they may experience their gender identity as being somewhere along a spectrum beyond these binary options.

Choosing to use "they/them" pronouns acknowledges and respects the child's gender identity and their right to define themselves in a way that feels authentic to them. It's important to honor their preferred pronouns and provide support and understanding as they navigate their gender identity. This may involve educating others around them, such as family members, friends, and teachers, about the importance of using the correct pronouns and respecting the child's identity.

It's essential to create an environment where the child feels safe and accepted for who they are, regardless of their gender identity. This may involve advocating for inclusive policies and practices in schools, healthcare settings, and other institutions to ensure that non-binary individuals are respected and supported.

Quando uma criança expressa preferência por ser referida usando pronomes "eles/eles", isso normalmente significa que ela se identifica como não binária ou gênero queer. Não binário é um termo usado para descrever indivíduos cuja identidade de gênero não se alinha exclusivamente com as categorias tradicionais de homem ou mulher. Em vez disso, podem experienciar a sua identidade de género como estando algures num espectro que vai além destas opções binárias.

A escolha de usar pronomes "eles/eles" reconhece e respeita a identidade de gênero da criança e seu direito de se definirem de uma forma que pareça autêntica para eles. É importante honrar os seus pronomes preferidos e fornecer apoio e compreensão à medida que navegam na sua identidade de género. Isto pode envolver educar outras pessoas ao seu redor, como familiares, amigos e professores, sobre a importância de usar os pronomes corretos e respeitar a identidade da criança.

É essencial criar um ambiente onde a criança se sinta segura e aceita como é, independentemente da sua identidade de género. Isto pode envolver a defesa de políticas e práticas inclusivas em escolas, ambientes de saúde e outras instituições para garantir que os indivíduos não binários sejam respeitados e apoiados.

In a small town nestled between rolling hills and whispering forests, there lived a child named Alex.

Em uma pequena cidade aninhada entre colinas e florestas sussurrantes, vivia uma criança chamada Alex.

Alex was a very special kid.
They had a name that was
neither strictly for boys nor only
for girls.

Alex era um garoto muito especial. Eles tinham um nome que não era estritamente para meninos nem apenas para meninas.

But something else made Alex different too. Some days, they felt as delicate as a butterfly, and on those days, they liked to wear dresses.

Mas outra coisa também tornou Alex diferente. Alguns dias pareciam delicadas como uma borboleta e, nesses dias, gostavam de usar vestidos.

Other days, Alex felt strong and bold, like a mighty lion. On those days, they chose pants and shirts that made them feel powerful and free.

Outros dias, Alex se sentia forte e ousado, como um leão poderoso. Naquela época, escolhiam calças e camisas que os fizessem sentir-se poderosos e livres.

But most days, Alex was somewhere in between. They didn't feel entirely like a boy or completely like a girl. They just felt like themselves, a beautiful blend of everything in between.

Mas na maioria dos dias, Alex estava em algum ponto intermediário. Eles não se sentiam inteiramente como um menino ou completamente como uma menina. Eles simplesmente se sentiam eles mesmos, uma bela mistura de tudo o que havia entre eles.

Some people understood Alex's unique way of being, and they celebrated it with open arms and warm smiles.

Algumas pessoas entenderam o jeito único de ser de Alex e celebraram isso de braços abertos e sorrisos calorosos.

But others didn't understand. They would stare or whisper, unsure of what to make of someone who didn't fit neatly into their idea of boy or girl.

Mas outros não entenderam.
Eles olhavam ou sussurravam,
sem saber o que fazer com
alguém que não se encaixava
perfeitamente em sua ideia de
menino ou menina.

One day, Alex's grandmother came to visit. She looked puzzled when she saw Alex wearing pants instead of a dress.

Um dia, a avó de Alex veio visitá-lo. Ela pareceu confusa quando viu Alex usando calças em vez de vestido.

"Why aren't you wearing a pretty dress, my dear?" she asked, her voice full of confusion.

"Por que você não está usando um vestido bonito, minha querida?" ela perguntou, sua voz cheia de confusão.

Alex took a deep breath, feeling nervous but determined to explain. "Sometimes, I feel more like a boy, Grandma. And today is one of those days."

Alex respirou fundo, nervoso, mas determinado a explicar. "Às vezes me sinto mais como um menino, vovó. E hoje é um dia desses."

Grandma listened carefully,
her eyes softening with
understanding. "Oh, I see,"
she said gently.
"Well, you always look lovely, no
matter what you wear."

Vovó ouviu com atenção, os olhos suavizando-se de compreensão. "Ah, entendo", ela disse gentilmente.
"Bem, você sempre está linda, não importa o que você veste."

As Alex grew older, they learned how to have difficult conversations with teachers, friends, and family members about their gender identity.

she he
they

À medida que Alex crescia,
aprenderam a ter conversas
difíceis com professores, amigos
e familiares sobre a sua
identidade de género.

she he
they

They discovered that some people would have questions or need time to understand, and that was okay. Patience and kindness were their greatest allies.

Eles descobriram que algumas pessoas teriam dúvidas ou precisariam de tempo para entender, e tudo bem. Paciência e gentileza foram seus maiores aliados.

And as Alex looked around at the world, they realized that not everyone would understand, and that was okay too. What mattered most was being true to themselves.

E quando Alex olhou para o mundo, eles perceberam que nem todos entenderiam, e isso também estava bem. O que mais importava era ser fiel a si mesmo.

One day, as the sun dipped low
in the sky and painted the world
with shades of pink and gold,
Alex had a realization.

Um dia, enquanto o sol se punha no céu e pintava o mundo com tons de rosa e dourado, Alex percebeu.

"I may be neither strictly a boy nor only a girl," they thought to themselves, "but I am me. And that is enough."

"Posso não ser estritamente um menino, nem apenas uma menina", pensaram consigo mesmos, "mas sou eu. E isso é o suficiente."

And so, Alex embraced their uniqueness with pride, knowing that their true colors shone brightest when they were being authentically themselves.

E assim, Alex abraçou sua singularidade com orgulho, sabendo que suas verdadeiras cores brilhavam mais quando eles eram autenticamente eles mesmos.

The end.

O fim.

Life Lesson:
Embrace your uniqueness and be true to yourself, even if others may not understand. You are beautiful just the way you are.

Lição de vida:
Abrace a sua singularidade e seja fiel a si mesmo, mesmo que os outros não entendam. Você é linda do jeito que você é.

Non-binary kids, like anyone else, may have diverse preferences when it comes to how they like to dress. There's no single "right" way for non-binary individuals to dress, as gender expression is highly personal and can vary greatly from person to person. Some non-binary kids may prefer clothing that is traditionally associated with their assigned gender at birth, while others may gravitate towards clothing that blurs or challenges traditional gender norms.

Here are some common ways non-binary kids might choose to dress:

1. Gender-neutral clothing: Many non-binary individuals prefer clothing that is not specifically associated with either traditional gender category. This might include items like t-shirts, jeans, hoodies, sneakers, and other styles that are not inherently gendered.

2. Mix-and-match styles: Some non-binary kids may enjoy mixing elements of traditionally masculine and feminine clothing in their outfits. This could involve wearing clothing from both the men's and women's sections of stores, or combining traditionally masculine and feminine accessories.

3. Androgynous fashion: Androgynous fashion often features clothing styles that blur the lines between masculine and feminine aesthetics. This might include tailored suits, button-up shirts, blazers, skirts, dresses, androgynous hairstyles, and accessories that aren't strongly gendered.

4. Personal expression: Ultimately, non-binary kids may choose to dress in a way that reflects their unique personality, interests, and sense of style. They may experiment with different looks, colors, patterns, and accessories to express themselves authentically.

It's important to respect and support non-binary kids in their clothing choices, just as you would with any child. Creating an inclusive environment where they feel comfortable expressing themselves is key to fostering their confidence and well-being.

Crianças não binárias, como qualquer outra pessoa, podem ter preferências diversas no que diz respeito à forma como gostam de se vestir. Não existe uma maneira única e "certa" para os indivíduos não binários se vestirem, pois a expressão de gênero é altamente pessoal e pode variar muito de pessoa para pessoa. Algumas crianças não binárias podem preferir roupas tradicionalmente associadas ao gênero que lhes foi atribuído no nascimento, enquanto outras podem preferir roupas que confundam ou desafiem as normas tradicionais de gênero.

Aqui estão algumas maneiras comuns pelas quais crianças não binárias podem escolher se vestir:

1. Roupas de gênero neutro: Muitos indivíduos não binários preferem roupas que não estejam especificamente associadas a nenhuma das categorias tradicionais de gênero. Isso pode incluir itens como camisetas, jeans, moletons, tênis e outros estilos que não sejam inerentemente de gênero.

2. Estilos de mistura e combinação: Algumas crianças não binárias podem gostar de misturar elementos de roupas tradicionalmente masculinas e femininas em suas roupas. Isso pode envolver o uso de roupas das seções masculina e feminina das lojas, ou a combinação de acessórios tradicionalmente masculinos e femininos.

3. Moda andrógina: A moda andrógina geralmente apresenta estilos de roupas que confundem os limites entre a estética masculina e feminina. Isso pode incluir ternos sob medida, camisas de botão, blazers, saias, vestidos, penteados andróginos e acessórios que não tenham um gênero forte.

4. Expressão pessoal: Em última análise, as crianças não binárias podem optar por se vestir de uma forma que reflita sua personalidade, interesses e senso de estilo únicos. Eles podem experimentar diferentes looks, cores, padrões e acessórios para se expressarem de forma autêntica.

É importante respeitar e apoiar crianças não binárias em suas escolhas de roupas, assim como você faria com qualquer criança. Criar um ambiente inclusivo onde se sintam confortáveis para se expressarem é fundamental para promover a sua confiança e bem-estar.

Hey there, colorful kids! Have you ever wondered how to pick the perfect colors for your outfit? It's easy! Just think about how you're feeling and what outfit you want to wear. If you're feeling as bright as a sunny day, maybe choose clothes in vibrant yellows and oranges. Or if you're feeling calm and peaceful, soft blues and greens might be just the right colors for you. Let your outfit be your canvas and your feelings be your guide as you paint the world with your unique style and personality!

Olá, crianças coloridas! Você já se perguntou como escolher as cores perfeitas para o seu look? É fácil! Basta pensar em como você está se sentindo e que roupa deseja usar. Se você estiver se sentindo tão claro quanto um dia ensolarado, talvez escolha roupas em amarelos e laranjas vibrantes. Ou se você estiver se sentindo calmo e em paz, azuis e verdes suaves podem ser as cores certas para você. Deixe que sua roupa seja sua tela e seus sentimentos sejam seu guia enquanto você pinta o mundo com seu estilo e personalidade únicos!

Explore these pages to discover your unique style.

Explore estas páginas para descobrir seu estilo único.

Books By Schaaf

www.BookBySchaaf.com

Find us at: